NOUVELLE
CONSTITUTION

PROPOSÉE A L'EXAMEN

DU GOUVERNEMENT PROVISOIRE

ET DE L'ASSEMBLÉE NATIONALE,

SUIVIE

D'UN PROJET

DE RÉPUBLIQUE EUROPÉENNE.

PAR P. LAMBERT.

PRIX : 25 CENTIMES.

PARIS.

LIBRAIRIE NATIONALE,

9, RUE VIVIENNE.

1848.

NOUVELLE CONSTITUTION,

Proposée à l'examen du Gouvernement provisoire

Et de l'Assemblée nationale ;

SUIVIE

D'UN PROJET DE

RÉPUBLIQUE EUROPÉENNE.

PARIS,

LIBRAIRIE NATIONALE,

9, RUE VIVIENNE.

1848.

Imp. de Mme de Lacombe, rue d'Enghien, 12.

Peuple français,

Un décret du Gouvernement provisoire vous appelle à sanctionner vos droits par l'accomplissement d'un devoir.

Le spectacle que vous allez dans quelques jours donner au monde, est le plus imposant qu'ait jamais offert une grande nation.

Vous avez eu dans votre histoire des révolutions plus terribles, vous n'avez jamais eu d'époque plus solennelle.

Recueillez donc vos esprits et vos âmes ; toutes les œuvres puissantes sont, comme les batailles, précédées d'un moment de silence : c'est la méditation de la force, de la prudence et du génie.

Il ne s'agit plus aujourd'hui de courage, vous avez assez perdu de sang ; il s'agit de vertus civiques, et de vous élever par elles à une telle hauteur dans l'estime du monde, qu'il reconnaisse, à la marche ascendante de vos révolutions, le levier providentiel de sa destinée.

Sachez que la solidarité des peuples est la première loi de la jurisprudence de Dieu,

Et si les grandes choses qui sont à faire sont basées

sur ce principe et mesurées selon les forces, c'est à nous de porter le plus lourd fardeau de l'avenir.

Quel plus noble labeur, quelle plus sainte mission? Ne regrettons donc rien dans les ruines du passé; ne nous attachons point aux momies de l'histoire, comme le parricide égyptien au cadavre en putréfaction de son père.

C'est trahir le peuple, c'est l'insulter et c'est le maudire que d'alimenter en secret des espérances impies. Malheur à qui dirait à son frère : Pour quel César te lèves-tu? — Est-ce que la France est une arène de gladiateurs esclaves? Je ne vois plus ici de maître, je ne vois qu'une patrie; je ne vois plus ici de trône, il est tombé sous l'assaut de la colère et du mépris, et le vent de la Bastille en a pour jamais dispersé les cendres.

Et maintenant, après les émotions du triomphe, sachons en recueillir les fruits. Dans le calme de nos jugements, jetons un voile de respect sur les générations éteintes ou de pitié sur certaines races déchues, mais n'embrassons désormais avec amour que l'image toujours plus vénérée de la patrie et de l'humanité.

Qu'une haute et lumineuse pensée domine tous nos débats, et nous n'appellerons à la direction de nos affaires que des citoyens capables de faire en même temps celles du monde.

Telle est la puissance du principe républicain qu'il rehausse toutes les tailles, et puise dans les entrailles mêmes du peuple son incomparable vigueur et sa sainte beauté.

Toutes les races de rois ont à peine fourni quelques

grands hommes, mais un peuple vraiment libre a toujours été fécond en grands citoyens.

Salut donc à la République! salut et immortel dévoûment! O mère et protectrice de toute liberté, toi seule peux retremper plus fortement encore cette grande âme de la nation française que n'ont point vieillie quatorze siècles de virilité fiévreuse. Tu t'es levée dans une heure terrible, cette heure de combat fut le Waterloo de la royauté. Tu prouvas que la tyrannie dans le pouvoir n'est pas de meilleure souche que l'hérédité et le droit divin. Et c'est toi qu'on accuse d'avoir inspiré les proscriptions de Marius et tenu la hache de 93!! Non, non; tu n'as jamais prêté ton génie et ta force qu'à ces esprits austères qui sont restés le type de la vraie grandeur humaine. C'est toi qui faisais dire aux femmes de Sparte, après le désastre des Thermopyles : Ne pleurons pas nos fils, mais honorons leurs cendres; ils sont morts pour la patrie! C'est toi qui fondas en un jour, au nouveau monde, un empire aussi grand que la république romaine; c'est toi qui fortifiais Scipion dans ses songes de vertu; et pour que tu triomphes dans les temps modernes, il n'est pas besoin que la Roche tarpéïenne soit près du Capitole.

PROJET DE CONSTITUTION.

Le peuple est, en vertu du droit naturel, l'élément souverain.

Toute puissance émane du peuple; toute magistrature politique est conférée par lui, directement ou indirectement, et par une voie unique : l'élection.

Le Gouvernement démocratique et républicain découle invinciblement de ce principe.

Le peuple français, dans l'omnipotence d'un accord unanime et d'une immuable volonté, déclare :

La royauté est à jamais abolie en France.

Toute tentative de régence, toute conspiration de parti, toute prétention collective ou personnelle d'une dynastie quelconque, est une trahison à la patrie et un attentat à la liberté et à la souveraineté du peuple.

Le Gouvernement républicain de la France est représenté par un *consul* et par une *assemblée nationale*.

Du Consulat.

Le consul peut être tiré de tous les rangs du peuple; il suffit qu'il ait mérité à un haut degré l'estime de la République par ses vertus civiques, de grands talents ou de grandes actions.

L'élection d'un consul appartient à l'Assemblée nationale.

L'exercice de sa magistrature ne peut excéder cinq ans, mais après cinq autres années révolues, il peut rentrer de nouveau dans cette première fonction de l'État.

Nul ne peut exercer l'autorité consulaire entre deux

législatures, pour que la pression d'aucun grand pouvoir ne gêne en rien la liberté du peuple dans le travail des élections générales.

La période de cinq années de pouvoir dans un consul, n'est point un principe absolu. Si, dans le cours d'une législature, l'incapacité, ou la déchéance, ou la mort d'un consul, forçait d'en élire un autre, le consul nouvellement élu déposerait, à la fin de la présente législature, l'autorité dont il serait revêtu, quoiqu'il ne l'eût point exercé cinq années consécutives.

Le rôle de consul dans la république est d'être revêtu du *pouvoir exécutif*, sans autre initiative dans l'État que l'ascendant de son caractère et de son génie. Il a de droit son siége dans l'Assemblée nationale, mais il n'est et ne peut pas en être président.

La nomination aux emplois, la sanction des arrêts de la justice et la promulgation des lois ; les traités de paix, d'alliance, de commerce, les déclarations de guerre se font par le consul, non point en son propre nom, mais au nom seul de la République, afin d'abolir toutes les formes serviles de la royauté.

Le consul, soit qu'il appartienne à l'ordre civil ou militaire, est, par l'élévation de sa dignité, le chef des forces de terre et de mer, mais il n'en peut disposer à ce titre que d'un commun accord avec l'Assemblée nationale, et pour la puissance et dans les dangers extérieurs de la patrie. Si, dans l'intervalle des sessions, il s'en faisait un instrument de tyrannie, les membres de l'Assemblée nationale sont tenus d'accourir à leur poste et de le juger sans désemparer.

La trahison, la concussion, l'abus du pouvoir sont

punis, dans la personne du consul, de la confiscation de ses biens, de la flétrissure et de l'exil.

Si le consul est un homme renommé par ses talents militaires, il peut, dans un cas de guerre, prendre en main, sur la décision des Chambres, le commandement actif de l'armée. Dans cet état de choses, trois commissaires du gouvernement sont délégués près de lui, mais il conserve le titre et les insignes de la suprême magistrature, pour que, dans sa personne, soit plus imposant et plus respectable aux yeux de l'ennemi, le nom de la France.

Le consul est le bras de la patrie, l'Assemblée nationale en est la tête.

De l'Assemblée nationale.

La pairie de France prend le nom de *Sénat*.

Les envoyés des départements prennent le nom de *Députés de la nation*.

Les séances du sénat et des députés se tiendront dans la même enceinte et aux mêmes heures; les affaires de l'État seront débattues en commun *.

L'assemblée des sénateurs et des députés réunis prendra le nom d'*Assemblée nationale*.

La durée de chaque législature est de cinq années.

Les membres du sénat sont élus à vie et choisis parmi les hommes vieillis dans les hautes charges de la République. Leur élection appartient exclusivement aux députés.

* Voir au chapitre des développements.

La puissance de l'Assemblée nationale, comme émanant du peuple lui-même, est supérieure à toute autre, quand même une partie notable de ses membres serait, par des causes accidentelles, éloignée de ses délibérations.

Tout membre de l'Assemblée nationale est inviolable pendant tout le temps de la session, sauf les cas de flagrant délit ou de forte présomption en matière criminelle. Il rentre alors dans le droit commun et son jugement appartient au jury.

Les crimes de haute trahison seront jugés par une délégation de cinq membres de l'Assemblée nationale, assistée du parquet de la première cour judiciaire de la République.

Dans le cas où l'accusation du crime de haute trahison impliquerait la personne d'un ministre ou du consul, l'Assemblée nationale se forme alors en haute cour de justice pour en connaître.

L'Assemblée nationale peut seule décider de l'augmentation ou diminution des forces de terre et de mer; dans l'intervalle des sessions, elle en confère le pouvoir aux ministres sous leur responsabilité.

A la fin de chaque législature et dans l'intervalle de chaque session, trois membres de l'Assemblée nationale, dont un sénateur et deux députés, choisis par voie d'élection, demeurent au siége du gouvernement pour en surveiller tous les actes.

Si des événements extérieurs ou des crises politiques d'une gravité redoutable se déclaraient dans le temps des élections générales, les trois membres désignés par la dernière législature pour rester en pouvoir permanent, prendraient des mesures promptes et rigoureuses pour assurer le salut public et précipiter l'élection de l'Assemblée nationale.

Les séances de l'Assemblée nationale sont publiques; toutefois le huis-clos de ses délibérations pourra être décidé sur la demande d'un seul de ses membres pour communication de secrets d'État.

Toute pétition ou proposition de lois peut être faite par tout citoyen, mais elle ne peut être présentée à la Chambre que par un sénateur ou par un député. Le renvoi aux bureaux se décide séance tenante. Une loi rejetée par l'Assemblée nationale ne pourra être représentée dans la même session.

A l'ouverture de *chaque* session, le premier acte de l'Assemblée nationale est d'élire un président. La présidence appartient à l'un des membres du sénat, mais les sénateurs ne prennent point part à son élection; les députés ont seuls le droit de l'élire, d'après une majorité déterminée.

A l'ouverture de chaque législature, immédiatement après l'élection du président, le premier acte de l'Assemblée nationale est de procéder à l'élection d'un consul.

Le dernier acte de l'Assemblée nationale, quand ses pouvoirs vont expirer, est d'appeler à comparaître devant elle celui qu'elle avait revêtu de la magistrature consulaire, pour le juger et décider s'il a bien mérité de la patrie.

Des Ministres.

Les ministres partagent la puissance exécutive collectivement avec le consul qui les préside. Ils partagent aussi avec lui la responsabilité de tous les actes du gouvernement, et peuvent êtredécrètés d'accusation sur la demande de cinq membres de l'Assemblée nationale.

Lorsqu'un changement d'un ou de plusieurs ministres estreconnu nécessaire, la chambre forme une commission de neuf de ses membres chargés de délibérer à cet effet et de présenter à son acceptation les candidatures dont le titre à la confiance du gouvernement est solidement établi.

Les ministres sont donc nommés par l'Assemblée nationale.

Le droit de grâce appartient à la nation seule et ne peut être exercé qu'en son nom; mais c'est à la chambre de cassation qu'il appartient d'examiner la validité des recours en grâce, et c'est aux ministres à en décider.

Les ministres sont les seuls citoyens dans l'ordre élevé de la politique, dont la durée du pouvoir n'est point limitée. Ils peuvent être, ainsi que le consul, choisis, soit dans le sein, soit en dehors de l'Assemblée nationale; ils n'ont à l'exercice du pouvoir d'autre recommandation que leur renommée de patriotisme et les prérogatives du talent.

DÉVELOPPEMENTS

ET

Dispositions particulières.

Ce projet de constitution a besoin de peu de développements. L'auteur s'est appliqué à le présenter dans la forme la plus concise, la plus nette, de façon que le mécanisme du gouvernement, d'une simplicité parfaite, pût être facilement appliqué, sans empiétements de pouvoirs, sans dérangements de ressorts, au plus haut degré démocratique et républicain.

Le mouvement et la vie sont désormais nécessaires au peuple, dans notre état développé de civilisation. Toutefois, l'agitation de la place publique ne saurait être permanente. L'industrie, les arts, les sciences, toutes les sources de la splendeur et de la prospérité d'une nation doivent, le plus souvent, se répandre en nappes immenses et tranquilles, comme les eaux du Nil, sur une terre brûlante.

Les députés, premiers dépositaires de la puissance du peuple, devront donc seuls se charger de la délégation des autres pouvoirs : sénateurs, ministres et consul ; et comme ils en seront le principe, c'est à leur prudence et à leur patriotisme d'en surveiller les conséquences.

D'après ce projet de constitution, tout abus du pouvoir tombe sous une répression immédiate, et le despotisme est de la plus absolue impossibilité.

Toute constitution sociale parfaite doit reposer sur trois bases :

1° Le peuple, élément générateur, souverain, immuable, éternel dans le temps ;

2° Les élus du peuple, élément intelligent et moral;

3° Le pouvoir exécutif, élément de puissance et de justice.

Les états monarchiques, ou constitutionnels, ou républicains, non basés sur ce principe, ont péri ou périront. Un rouage de moins ou de trop dans la machine du monde est une source de dangers permanents et de ruine certaine.

Les constitutions de 1814 et 1830 consacraient trois pouvoirs : le roi, les pairs, les députés.

Le véritable pouvoir, le premier de tous, le peuple, n'était pas considéré comme pouvoir, mais comme un instrument exerçant une action limitée ; c'était une machine vivante revêtue d'une prérogative concédée d'élections.

Ces constitutions péchaient donc en cela par leur base, elles étaient donc mauvaises.

Elles l'étaient encore, parce qu'elles investissaient d'un droit d'initiative puissante l'autorité royale, ce qui faisait pencher la balance trop en faveur du prince et point assez en faveur du peuple.

D'autre part, comme les deux autres pouvoirs découlaient, l'un de l'autorité royale, l'autre du peuple, ce devait être, et c'était en effet nécessairement une source de conflits. Il y avait complication, dissentiment, encombrement, dépense inutile de forces distinctes.

Puis, la volonté du maître survenait, s'imposait par

les ministres, envenimait les débats et dominait ouvertement ou secrètement tout autre pouvoir.

Dans une république, deux chambres entraveraient également le jeu régulier des affaires publiques, Quand il n'y a plus d'aristocratie, à quoi servirait une chambre aristocratique?

Si tout pouvoir découle du peuple, il ne faut pas que l'un des dépositaires de ce pouvoir puisse le braver.

Je propose donc de conserver la pairie, et je la nomme à vie, parce qu'il est convenable que la patrie environne d'honneurs, jusqu'à la fin de leur carrière, les citoyens qui se sont usés à la bien servir, et parce qu'il est utile de consulter leur sagesse dans les délibérations de l'état.

Mais je pense que ces délibérations doivent être prises en commun avec les députés, afin d'établir un lien permanent de bonne harmonie et un même esprit public entre tous les dépositaires de l'autorité nationale. Les ministres n'auront plus à faire, dans des assemblées distinctes, des discours différents et souvent contradictoires; ils n'auront plus à courir de l'une à l'autre chambre pour rallier des opinions divergentes. Les affaires se traiteront en commun et sous une inspiration plus large, plus éclairée, plus généreuse, car plus une assemblée d'hommes est nombreuse, plus l'intelligence et le cœur s'y remplissent de ce fluide électrique d'où sortent les grandes pensées et les grandes actions.

Ce qu'il faut donc, c'est une seule chambre sous le nom d'*Assemblée nationale.*

L'Assemblée nationale sera la pensée du peuple, et le consul l'exécuteur de cette pensée.

Dans la plus prochaine session de l'Assemblée nationale, il sera fait une révision générale et complète des lois anciennes et nouvelles.

Le texte des lois judiciaires et politiques du peuple français sera formulé de manière qu'il ne puisse désormais être sujet à aucune interprétation contradictoire. Les révolutions de 1830 et de 1848 prouvent l'urgente nécessité de cette mesure.

Une loi, grosse de toutes les colères de la nation, sera décrétée sur la responsabilité des ministres et du consul.

Le Gouvernement provisoire de la République a déclaré la peine de mort abolie dans le code politique de la France.

Ce décret a de la grandeur.

L'abolition de tout châtiment capital s'étendra sans doute un jour aux codes civil et militaire ; car enfin la générosité n'exclut pas la logique.

Un homme dont le crime isolé ne porte point atteinte au salut public, — un soldat qui déserte ou qui frappe son chef, — sont punis de mort.

Et les crimes de lèse-nation et de lèse-humanité, les attentats dont la source corrompue et profonde jette inévitablement des perturbations sociales dans le cercle le plus étendu, de tels forfaits sont punis de l'exil! Un chef d'État dégrade la majesté suprême, trahit son serment et l'honneur et les intérêts d'un peuple, et fait mitrailler ce peuple dont la tête et le cœur trop hauts lui font peur, et le seul châtiment de cet homme est d'aller tranquillement s'étaler sous un autre soleil, au milieu des débris amoncelés de sa prudente opulence !

Soit, le peuple français est assez for pour être généreux ; il n'a point frappé de mort les traîtres, il s'est contenté de mourir lui-même pour ses libertés !

Un tel peuple est digne de poser la fraternité pour base à tous les arrêts de la justice.

ooo

L'examen de toutes les grandes questions sociales exige un esprit dépouillé de préventions. Tous les systêmes socialistes, même ceux dont les théories paraissent impraticables, seront consultés, car les révolutions sociales ont des secrets encore plus profonds que ceux de la politique.

Les impôts et les contributions seront établis de telle sorte que les grandes fortunes supportent, selon la loi d'équité, les plus lourdes charges de l'État. La fraternité des hommes et la moralisation des classes laborieuses exigent impérieusement une meilleure répartition, non-seulement des deniers publics, mais encore, de la richesse particulière des citoyens, avec le secours du temps, l'influence des idées philantropiques, et un appel fait aux généreuses inspirations.

Il faut, autant que possible, qu'avant vingt ans, sur toute la surface du territoire, les maisons des ouvriers et des plus pauvres laboureurs soient rebâties d'après des plans salubres, pour qu'ils aient leur part d'air libre et de soleil. Il faut que le bonheur descende dans ces âmes simples et bonnes et si longtemps flétries.

Il serait également à désirer qu'il y eût, dans tous les quartiers des grandes villes, des lieux préparés de telle sorte que les ouvriers puissent prendre leurs repas en commun et préparés également pour tous, d'après un régime alimentaire plus abondant et plus sain. Leur santé serait plus robuste, leur fraternité plus cordiale, leur esprit plus actif, et cette mesure, si l'on y joignait surtout des ateliers de confection pour leurs vêtements, leur permettrait de consacrer à leur famille une grande partie du salaire de leurs travaux.

Il importe aussi, à un haut degré, de rehausser le travail de la terre dans l'estime des hommes, et ce vieux globe, remué par des mains heureuses et honorées, ne boira plus tant de sang et de larmes.

Relevons la statue trop souvent mutilée de la pudeur.

La sainteté de la femme fait la dignité de l'homme.

Tant que l'amour sert de voile au plaisir, fût-il coupable, il porte en lui son excuse dans son charme et son délire ; l'amour est fils de cette nature primitive qui dominera toujours les lois humaines.

Mais la plaie la plus âpre de tous les temps et de toutes les civilisations, gangrène hideuse dont le germe est surtout la misère, c'est la prostitution,

Les règlements de police ont, à ce sujet, une ampleur étrange, et les antres de l'infamie ont, au contraire, des serres implacables, de telle sorte que l'égarement d'un jour dans la vie d'un pauvre jeune fille, l'enchaîne à son déshonneur, à son lupanar, et enfin à l'hôpital.

Cet état de choses veut un regard sévère de la part d'un gouvernement jaloux de sauvegarder l'estime et la dignité des filles du peuple.

ooo

La France, si grande et si féconde, décernera, dans un but de patriotisme et de moralité, des récompenses aux citoyens dont la vieillesse est entourée de nom-

breux enfants, qui sont la force et le patrimoine de la patrie.

La confiscation de tous les biens mobiliers et immobiliers de Louis-Philippe et de sa famille, qui sont situés sur notre territoire, est une mesure de droit politique dont la rigueur n'exclut pas l'équité. Les coupes désastreuses que l'ex-roi a fait subir aux forêts de l'État ; les charges imposées en 1830 à sa liste civile, et qu'il n'a point observées ; les dettes énormes qu'il a laissées, et que la France veut bien acquitter; le détournement de sa fortune personnelle au profit de ses enfants et au préjudice de la France, qui, en lui donnant un trône, devait, selon des droits antiques, hériter de ses biens : voilà un réglement de compte édifiant à établir et d'où résulte que Louis-Philippe et sa famille, même après la vente ordonnée par le Gouvernement provisoire, seront encore les débiteurs de la France.

Voilà déjà ce vieillard avide qui fait glisser secrètement, dans certains journaux d'Angleterre, des lamentations pitoyables sur sa prétendue *misère*.

Royales jongleries ! l'or des d'Orléans circule inépuisable sur tous les points du globe ; et certes, c'est pour la République un danger permanent qne de laisser ainsi dans les mains d'une dynastie déchue, dont le chef est habile aux corruptions, des richesses considérables, dont il pourrait disposer dans de coupables desseins.

La garde municipale est dissoute.—La France, persuadée que l'esprit de ce corps avait été frauduleusement corrompu par les manœuvres coupables du dernier gouvernement, dissout ce corps sans le flétrir. Elle s'efforcera d'oublier qu'il a tiré sur le peuple, pour se rappeler que, par sa discipline et sa bravoure, il était digne d'appartenir à l'armée de la République. Ces cœurs si braves et vieillis sous les armes ne sauraient méconnaître que les droits de la patrie sont plus solides que ceux des tyrans.

L'Épée offerte au comte de Paris par d'imprudents adulateurs, a dû être retrouvée aux Tuileries. Cette épée deviendra *l'Epée consulaire*. La République la remettra aux mains de ses consuls, pour en frapper les ennemis de la France.

La République française, sur la décision de l'Assemblée nationale, et *après* l'élection d'un consul, rappellera de l'exil tous les membres de la famille Bonaparte, sous la condition de prêter serment à la République, de perdre tous titres et prétentions comme incompatibles avec la nouvelle constitution de l'État. Ils pourront, à ces conditions, aspirer à l'honneur de servir la France comme citoyens de la République.

Les cendres de la mère de Napoléon seront recueillies dans un tombeau de forme austère, et l'on y gravera ces mots :

A la mère du *premier consul.*

pour enseigner au peuple, d'une part, que la mère d'un grand homme à des droits éternels à la vénération de la patrie, et, d'autre part, que la France ne ratifie dans Bonaparte que la gloire du général, et non l'impériale ambition du despote.

Les projets gigantesques que conçoit le génie dans ses moments d'intime illumination, peuvent rester longtemps ensevelis dans les archives des Etats, mais non pas dans la mémoire d'un grand peuple, et ce qui semble impossible ou téméraire, dépend souvent d'une question de circonstances et de temps.

Il serait donc bon, je pense, d'examiner sérieusement le projet conçu naguère de canaliser la Seine et de rapprocher la mer de Paris. Si l'utilité de cette entreprise répond à sa grandeur, il en faut poser immédiatement les bases. Les nations esclaves qui travaillaient sous le fouet de l'Egypte et de Babylone, n'avaient pas le bras plus fort ni le front plus large que ceux des hommes libres; ces derniers ont de plus l'avantage de ne pas remuer une pierre qui n'ait son but d'utilité ou son argument moral.

Et parmi tous les peuples, il n'en est pas qui soit plus instinctivement habile que nous à ces manifestations monumentales de la pensée enseignante et féconde. La place de la Révolution est, en ce genre, non seulement une merveille aux yeux, mais encore et surtout le plus lumineux enseignement pour qui sait penser et comprendre. Comment les rois ont-ils pu rester si petits au milieu de ce triangle symbolique de la religion, de la gloire et de la patrie!

C'est par des considérations de ce genre, et dans un but à la fois utile et moral, qu'il faudrait entreprendre l'achèvement du Louvre et reculer l'horizon de sa colonnade jusqu'à ce génie de la liberté qui plane sur le sol purifié de la Bastille. Cette rue nouvelle lierait deux extrémités de Paris et placerait le paisible sanctuaire des arts entre la constellation de l'Empire et celle de la République. La largeur de la voie se déploierait sur toute la façade du Louvre, des colonnes du même ordre architectural s'élèveraient dans toute sa longueur, surmontées de lampes énormes. L'ouverture de la rue, du côté du Louvre serait précédée d'une vaste place en forme d'hémicycle, et les premiers édifices seraient, à droite, tous les hôtels des ministres, à gauche ceux des ambassadeurs, les uns et les autres bâtis sur un plan uniforme et traversés par de larges voies de communication.

Les fortifications de Paris ont été bâties; gardons les pour défendre, s'il était nécessaire un jour, cette République et cette liberté dont le sanctuaire est le cœur de la France; mais si nous avons trouvé de l'or pour une pensée de guerre, n'en trouverons-nous pas pour des travaux d'art et de civilisation?

ooo

Le serment politique a donné tant de scandales au monde depuis cinquante ans, qu'il semble avoir perdu son prestige et sa sainteté. Toutefois, il serait bon de le maintenir dans la personne du consul, des ministres et des membres de l'Assemblée nationale.

Aussitôt, donc, que seront constitués les pouvoirs, il faut, dans une cérémonie solennelle, les appeler à prêter serment entre les mains du peuple; les principes d'honneur, tombés en ruine sous les monarchies, n'ont besoin, pour se relever, que de puiser des forces dans l'élément démocratique.

ooo

Dieu ne vend pas sa justice. L'or du riche ne saurait acheter la paix du tombeau.

L'orgueil de tous ces opulents cadavres, dont les funérailles dévorent le pain de vingt familles, est un scandale maudit.

Une loi sera promulguée pour assurer à tout homme qui meurt, quelles que soient sa religion et sa misère, un convoi décent, et pour que le cercueil du riche ne traverse plus les villes et ne trône plus sous le dôme des temples dans un autre appareil que celui du pauvre. Cette loi règlera la pompe des funérailles, non sur l'opulence des héritiers, mais sur l'importance des fonctions confiées au défunt par la République.

Les hauts dignitaires de l'Etat, auront seuls le droit de traîner à leurs funérailles les splendides douleurs de la patrie entière.

Le Panthéon est irrévocablement consacré à la sépulture des grands hommes, qui sont les prophètes de l'avenir et les instruments d'une puissance plus haute.

Pas un véritable grand homme ne fut athée.

Il sera donc décrété qu'un monument allégorique sera élevé sous la coupole, avec cette inscription :

L'ESPRIT DE DIEU
FAIT LES GRANDS COEURS ET VIVIFIE LE GÉNIE.

RÉFLEXIONS GÉNÉRALES.

Ces pages ne se fermeront pas sans des paroles de paix et de fraternité, sans un appel à l'alliance des peuples. Le temps des victoires stériles est passé, le temps des révolutions sociales commence. Levez-vous, peuples, et que nos mains fraternisent! Marchons d'un commun accord.

Nous traversons en ce moment notre Mer Rouge; les secrets de l'avenir sont pour nous un désert, mais qui de nous veut s'arrêter? qui de nous veut être esclave? marchons et ne craignons rien. Dieu ne peut égarer nos pas ni laisser lutter au hasard les forces de la conscience et du génie. Haut donc le front, et haut le cœur! C'est de la montagne que Moïse aperçut la terre promise.

Les nations ont leur lit profond comme l'Océan; elles ont comme lui leurs tempêtes, et les idées y creusent en tous sens d'ineffaçables sillons; les idées sont de hardis vaisseaux qui, fouettés d'un vent du midi, courent à pleines bordées à la recherche éternelle de nouveaux mondes. Ce sont les Christophe Colomb et les Gama de l'univers intellectuel et moral.

Dieu prépare toujours l'avenir par les générations présentes à qui son esprit inspire d'abord une idée, voilà la théorie, et le temps se charge de la mettre en pratique. C'est la loi providentielle de toutes choses. Le travail ascentionnel des idées est assez semblable à la germination des plantes, qui n'arrivent au plus haut degré de croissance et de beauté qu'après avoir rassemblé dans leurs racines les sucs les plus nourriciers et les plus propres à leur nature; le génie ni la destinée des nations ne sont donc pas frappés d'une condamnation d'immobilité. Non, rien ne serait plus contraire à l'action providentielle que l'immobilité des idées humaines. C'est un cercle en mouvement de rotation, dont le centre est Dieu, et dont le rayon est infini comme l'éternité dont l'espace est l'image.

Certes, les transformations de l'humanité sont lentes; il semble qu'il ait fallu chaque fois environ deux mille ans pour la préparer à quelque enfantement de vérité nouvelle; il semble que le genre humain a peur de ses propres forces, que la perspective d'une éblouissante destinée l'arrête et l'étonne; une prostration torpide l'endort et l'affaisse sous le poids de ses chaînes, et sa pensée morte glaçant son courage, il est rare qu'il étende et remue ses larges membres et qu'il se dise : Je sens en moi quelque chose qui me pousse à changer la face du monde.

Et cependant, ô peuples! ne sentez-vous pas aujourd'hui s'ébattre et palpiter dans votre sein le génie de la vie et de l'espérance?

Un homme s'est assis sur le siége de St-Pierre comme la lumière de Dieu sur le Thabor. Cet homme est la personnification de la sagesse et de la fraternité sainte; c'est l'espoir et la force des nations qui se mouraient; c'est la révélation vivante de la pensée religieuse et politique d'en haut, l'œuvre qu'il fait est la plus étrange et la plus sublime depuis Constantin.

Espérons, espérons! rien n'est impossible à l'humanité. Je veux dire que sa destinée a de si étranges mystères, et son avenir des flancs si profonds, et le travail du temps quelque chose de si merveilleux, et les arrêts du sort de tels coups imprévus, et il y a tant de rajeunissement, de santé, de force, de génie dans les ardentes aspirations du genre humain, et la science arrache de tels secrets à la nature, et le Christ a ouvert tant de sources d'idées fécondes et de fraternité, que, dans le recueillement d'une pensée transcendante, et d'après les enseignements de l'histoire et l'état actuel des idées et des sciences, on peut, sans être accusé de folie, assurer en toute certitude que l'humanité était jusqu'ici restée dans les voiles du berceau et qu'elle ne s'agite aujourd'hui que pour se mesurer sur des proportions plus hautes.

La loi des sociétés humaines, en tant qu'hiérarchies intelligentes, semble avoir pour principe un mouvement ascensionnel qui s'arrête parfois, qui parfois rétrograde même jusqu'aux bornes du chaos, mais qui toujours reprend sa marche sous le même souffle dont parle la Genèse et qui féconda la création.

Le peuple, c'est l'âme du monde, c'est l'élément vivant dont les perturbations sont nécessaires à l'équilibre universel, et rien ne peut mieux donner une idée de sa puissance et de sa dignité, que le spectacle même de ses malheurs et des luttes qu'il a soutenues, et des révolutions qu'il a faites pour arriver à la conquête de ses droits. Les révolutions sont les serres chaudes où fermente la sève des grandes et fortes végétations, c'est un accès de fièvre dont l'agitation rétablit la santé, c'est la transition des saisons tropicales de l'humanité.

Il y aura toujours ici-bas d'immenses sujets de tristesse pour le juste et pour le philosophe; mais leur yeux peuvent à cette époque, mieux qu'à aucune autre de l'histoire, se reposer avec orgueil sur bien des monuments modernes de la sagesse humaine. Je ne comprends pas comment tant de grands cœurs et d'intelligences d'élite s'aveuglent à cet égard. Si nous sommes dans une vallée de Josaphat, comme ils le prétendent, où sont donc les ossements arides? Je n'en vois point d'autres que ceux des rois. Voilà la seule race que Dieu ait frappé de mort, ou du moins d'un aveuglement pire que celui du tombeau.

Voyez ce vieillard découronné, ce patriarche de l'exil et des révolutions, cet esprit si savamment calculateur qu'il était appelé, par ses égaux mêmes, le Nestor de la politique, le sage, le prudent, le fort! les travaux de son génie et de son règne étaient de taille à fonder vingt dynasties; la sienne se multipliait au point de pouvoir occuper tous les trônes de l'Europe; des ministres habiles et hardis lui servaient de leviers; vingt forteresses chargées à comble de poudre et de mitraille et cent mille braves l'entouraient: un seul jour, une heure a décidé de sa ruine. Voyez et prenéz pitié! C'était bien la peine de porter dix-sept ans sur nos épaules cette chose inutile!

Inutile! non; les peuples s'instruisent enfin à ces révolutions marquées d'un cachet mystérieux et divin. Voici l'heure où chacun d'eux doit mesurer la portée de ses forces, de ses droits, de ses devoirs. Malheur aux oppresseurs des peuples faibles! La France veut la paix, mais elle connaît le chemin des trônes. Si désormais elle y touche, c'est pour les briser. Puisse plutôt être épargné le sang! le sang mercenaire de tous vos soldats, ô rois, ne laverait pas le généreux sang de la Pologne, de Milan, de Palerme, de Messine, de Cracovie. Votre lutte d'ailleurs serait impie et vaine : l'épée de Dieu n'est plus dans vos mains, elle a passé dans celles du peuple, parce que vous avez fait de la puissance un marteau d'iniquité. Le temps, les idées, les événements, rien n'a marché pour vous. L'esprit du moyen-âge préside à vos conseils, vous en avez la brutalité, mais non pas la grandeur. Quoi donc! n'est-il rien de mieux à faire pour vous que d'hébéter ou d'égorger vos peuples? êtes-vous destinés à vous asseoir, comme des bornes immobiles et souillées de sang, sur le cimetière du genre humain?

Oh! oui, nous savons mourir, mais nous ne mourrons pas esclaves! vous ne jetterez pas toujours en pâture aux peuples, comme à des chiens muselés, des lambeaux de constitutions que vous retirez avec des crocs sanglans; vous ne tromperez pas toujours leur faim et leur courage par la mélodie menteuse de vos serments. Peut-être est-il à vos yeux fort plaisant de vous faire les Van-Amburg du genre humain, mais c'est un triste rôle et un jeu terrible. Si vous prenez goût quelque temps encore à ce genre de plaisir, il ne restera bientôt plus de vous qu'un nom chargé des malédictions et des mépris du monde.

C'est un avis qui vaut l'arrêt du festin de Balthazar.

Projet de République européenne.

La République française est peut-être destinée à produire la plus grande chose des temps modernes et de l'histoire entière de l'humanité : une *République européenne.*

Dans la prévision d'un tel événement qui paraît à mes yeux possible et désirable, voici en deux traits quels pourraient être, comme idée première, les bases de cet édifice dont il est d'ailleurs impossible de dessiner dès aujourd'hui les détails, et de calculer la hauteur et l'étendue.

Les seules frontières véritablement difficiles à franchir entre peuples, sont la différence des mœurs, des langues et des idées. Voilà les véritables Alpes de la civilisation parfaite; mais les plus grands obstacles s'effacent dans les révolutions des sociétés humaines comme les plus hautes cimes dans les secousses volcaniques du sol. Un jour viendra, et derrière des nuées d'orages, l'aube en est déjà transparente, une époque se révèle où la fusion des mœurs, des langues, des idées, comme celle de tous les intérêts, fera disparaître tous les obstacles et comblera tous les abîmes. C'est à ce but qu'il faut convier tous les peuples de l'Europe, c'est le fondement moral d'une transformation sans laquelle il ne vivront jamais en frères.

La politique et la nature ont établi d'autres frontières; mais les fleuves et les montagnes ont reconnu le génie de l'homme pour maître, et quant à ces frontières d'airain où sont étouffées les nations, les rois tombés, qu'en est-il besoin? c'est l'intérêt de leurs dynastie, c'est leur effroi des peuples, c'est leur orgueil de chefs qui font ainsi la flamme et le fer les gardiens de leurs états. Entre nous tous qui nous aimons, qui n'avons point de haines ni soif de sang, à quoi serviraient ces remparts cyclopéens et ces attirails de guerre? Dieu, principe de tout amour, n'a pas noué lui-même aux reins des nations cette ceinture de glaives et de tonnerres.

Tout système de douanes entre villes et peuples est également une mesure sauvage et fatale aux intérêts généraux et bien entendus de toutes les relations commerciales. L'initiative, en ceci comme dans toutes les grandes choses, ferait honneur à la France. La France peut, dès aujourd'hui, proposer un prompt et large examen de cette question dont les résultats sont incalculables pour la prospérité matérielle des peuples et l'harmonie des gouvernements. Il est absurde et déplorable que des questions de ce genre soient encore à résoudre. Cela peut paraître bon aux yeux de ces parqueurs d'hommes qui, somnolents dans leur hutte splendide, ne cèdent qu'à prix d'or la laine de leurs troupeaux; mais si l'on prenait dans chaque nation, au hasard, un homme du peuple, et que les rassemblant, on leur dît : Qu'en pensez-vous? certes, ils répondraient d'une unanime élan : Laissez passer nos frères, la terre est à l'homme et les richesses du sol et de l'industrie se multiplieront dans un libre échange. — Si le bon sens du peuple avait été consulté dans toutes les questions sociales et politiques, les crimes et les malheurs seraient moins communs, la prospérité plus générale, et la sagesse des chefs d'État serait p mûre après une expérience aussi longue et souvent aussi funeste.

Dans une hypothèse de République européenne, toutes les douanes des villes et des frontières seraient donc abolies, et les lois, les poids, les mesures, les monnaies seraient partout les mêmes, toutes les limites entre peuples librement franchissables. Toutefois, chaque peuple aurait son gouvernement démocratique et républicain; son sol serait protégé de tout envahissement sous la sauve-garde de la puissance, des intérêts et de l'harmonie universels : cette sainte aillance des peuples vaudrait bien celle des rois.

Il faudrait à cette unité un centre, et au salut de tous un maître : ce maître ne doit pas être un homme, mais un *congrès*.

L'Europe serait donc comme un faisceau de républiques confédérées dans un but unique, invinciblement rattachées à un pouvoir central qui prendrait le nom de congrès.

Le congrès serait permanent, son siége déterminé; ses attributions seraient universelles, ses décrets inviolables, sa puissance souveraine. Chaque nation, quels que fussent d'ailleurs l'étendue de son territoire et le nombre de ses habitants, serait représentée dans ce congrès, par trois députés choisis parmi les citoyens les plus en vénération dans les hautes charges de la République. Toutes les affaires générales seraient débattues dans cette assemblée de sages, bien autrement utiles que ceux de la Grèce au bonheur de l'humanité.

Les membres du congrès seraient élus pour dix ans, afin que leur magistrature eût le temps de porter ses fruits, et que leur élection pût se préparer avec calme et maturité. Les premiers citoyens de chaque République ne seraient que leurs premiers ministres, et dans les cérémonies publiques, pour enseigner aux hommes que la vertu n'a point d'égale, les faisceaux de leur puissance s'abaisseraient devant les insignes de la justice.

Il ne s'agit point, dans l'examen d'un tel projet, de s'effrayer à l'avance des difficultés de l'entreprise. Les difficultés sont peut-être moins grandes qu'on ne pense, et d'ailleurs, à la façon dont l'humanité fournit aujourd'hui ses étapes, il serait d'un esprit futile et d'un faible cœur de n'oser pas attaquer résolûment les plus ardus problêmes de l'avenir. Une République européenne est une affaire à débattre, entre peuples, dans les grandes assises dont les rois seront exclus. Voilà tout. Telle est la question, ou plutôt tel est le principe.

Le patriotisme est une chose sainte et grande, mais il est encore quelque chose de plus grand et de plus auguste, c'est l'amour de l'humanité. Avant d'être français, on est homme, et je suis assuré que l'horizon s'élargit singulièrement à se considérer avant tout comme citoyen du monde.

Il ne faut donc pas se demander si le rang qu'occuperait la France dans une République européenne serait le premier, car toutes les grandes nations de l'Europe pourraient se proposer la même ambition. Avec des arguments de ce genre, on ne peut rien résoudre. Le but essentiel, l'élément fondamental de cette grande révolution politique et sociale serait au contraire de niveler les prétentions, de convier les peuples faibles au banquet des forts, de lier tous les intérêts, toutes les races, toutes les intelligences, tous les cœurs; mais après tout, comme chaque nation fournirait son contingent de lumières, de vertus, de grands hommes, il est permis de croire, et j'ai cette conviction, que la France, d'un rang égal à tous comme état fédératif, conserverait infailliblement les premiers titres à l'estime du monde et la suprématie du génie.

Cette espérance est légitime. La République française, dès le premier jour d'un enfantement si prompt et si laborieux, a trouvé sous sa main, malgré la gravité des circonstances et le poids des affaires publiques, des citoyens à la hauteur de sa destinée. On sait quelle est à cet égard la fécondité de cette terre bénie, de cette race magnanime qui semble porter au front l'étoile polaire du genre humain.

Quel serait le siége du gouvernement central, dans une République européenne?

Rome.

Je propose que Rome devienne le double siége de la religion et de l'empire.

Là, se tiendraient en permanence les deux plus grands pouvoirs de l'univers : Centralisation merveilleuse de toutes les forces vives, morales et intelligentes.

D'une part, les membres du Congrès européen : mandataires du peuple ;

D'autre part, le souverain pontife : mandataire de Dieu.

Le poids des affaires politiques et les soins d'une administration civile ont toujours été funestes à la majesté de la religion, à la vertu apostolique des papes et à leurs bons rapports avec les gouvernements du monde. Le chef actuel et si éminent de l'église doit, mieux encore que tous ses prédécesseurs, reconnaître les incompatibilités logiques d'une puissance à la fois temporelle et divine.

Toutefois, et quoiqu'il arrive, il ne pourrait jamais

s'agir d'un dépouillement violent, mais d'une abdication toute volontaire, concédée par une profonde sagesse, aux nécessités des idées et du temps.

O père et pontife, si le bruit des ruines qui se font autour de toi n'effraie pas ton saint amour du peuple, comprends et médite ; reviens à la simplicité primitive du prêtre, enveloppe-toi dans un isolement sacré, et tu verras alors s'il est un seul front qui ne s'incline avec une vénération sans bornes. Qu'est-ce après tout qu'un tel sacrifice à qui tient dans ses mains l'âme palpitante de l'humanité. Laisse, laisse à des rois stupides le triste soin de disputer les derniers débris d'une puissance qui leur échappe ; toi, le génie du siècle, qu'as-tu besoin d'autre sceptre que la croix, d'autre couronne que tes vertus ? Souviens-toi que tous les empires de la terre furent offerts à ton maître, et qu'il préféra rester seul et nu sur la montagne, dans la tristesse d'une âme qui va mourir. Ce fut là sa vertu : son abjection fit sa grandeur.

Père, cède aux hommes le domaine des hommes, retire-toi de la région des orages. Si tu chéris vraiment la liberté, sache que roi, tu la perds ; que pontife, tu la sauves ! Ne parle donc qu'en pontife, n'agis donc qu'en apôtre. Laisse-là cette pourpre royale qui gêne tes pas et qui profane en la balayant la cendre des martyrs. Depuis dix-huit siècles les peuples attendaient un véritable héritier de saint de Pierre. A peine as-tu paru, que le baptême de la liberté s'est épanché à flots sur la renaissante Italie ; la terre s'est émue, la terre te regarde, t'écoute, car tu parais grand comme ta mission, et l'on pourra dire de toi ce que le plus illustre poète des temps modernes a dit du Christ :

> Il ouvrit ses deux bras pour embrasser le monde
> Et se pencha pour le bénir.

Je me suis demandé si cet écrit était digne de porter un nom. Je l'ignore. Si c'était une œuvre littéraire, bien que l'anonyme répugne à mon caractère, je me serais déterminé peut-être à le garder, mais c'est une brochure politique, je signe.

Et je l'avoue hautement, je considère ceci comme un acte de courage civil.

Inconnu et comme perdu dans ma patrie, c'est la première fois que je force mes lèvres à lui révéler le patriotisme de mon cœur. Toute prétention d'auteur disparaît ici devant l'accomplissement d'un devoir. J'ai pensé que, dans la situation des esprits et des choses, tout membre de la grande famille européenne avait un mot à dire, ou un assentiment, ou une improbation, ou une idée à apporter aux tribunes de l'opinion publique; j'ai pensé qu'un tel acte n'aurait rien que d'honorable, et me ferait pardonner cette étrange audace d'oser mêler ma voix à ces débats sans un brevet d'illustration.

Jeune encore, je me suis passionné pour l'austère grandeur des principes démocratiques et des formes républicaines. Sous la Restauration, *un mois avant* la révolution de Juillet, l'Université me ferma ses collèges, pour avoir osé déclarer à voix haute, et sous la menace du maître, que la *Marseillaise* était le chant immortel de ma patrie.

L'érection d'un autre trône sur celui de Charles X me prouva combien avaient encore peu de profondeur la politique des hommes et les racines de la liberté. Dès-lors je prétendis garder ma part d'indépendance. Je vécus seul, et dans mon cœur a mûri dix-sept ans l'espoir de ce réveil, de cette lutte immense qui vient de s'accomplir.

Je n'ai donc servi aucun maître, et je suis vierge de tout serment. Mais aujourd'hui, bien que sans aucun poids dans le monde, et le dernier citoyen de ma patrie, je me lève, et l'âme profondément émue, je prête, à la face de tous, *serment à la République.*

P. LAMBERT.

www.ingramcontent.com/pod-product-compliance
Ingram Content Group UK Ltd.
Pitfield, Milton Keynes, MK11 3LW, UK
UKHW032014260826
14628UKWH00005B/2481